Diogenes Taschenbuch 94

10669443

Katzenjammer

Deutsche Katzen
Französische Katzen
Englische Katzen
und
Kosmopolitische Katzen
Gezeichnet von

Diogenes

Die Französischen Katzen
wurden uns liebenswerterweise
von Jean-Jacques Pauvert,
Verleger in Paris (›aus Portée de Chats‹),
die Englischen von Max Reinhardt,
Verleger in London
(aus ›Scatty‹), geliehen
Die erste Auflage dieser Ausgabe
trug den Titel
»Alles für die Katz!«

Veröffentlicht als Diogenes Taschenbuch, 1975
Alle deutschen Rechte vorbehalten
Copyright © 1963 by
Diogenes Verlag AG Zürich
100/75/E/1
ISBN 3 257 20215 6

Inhalt

Vorwort 7

Deutsche Katzen 9

Französische Katzen 37

Englische Katzen 47

Kosmopolitische Katzen 55

Vorwort

Dieses Buch setzt Sprachkenntnisse voraus. So muß der Leser wissen, daß die Wörter Katze (hochdeutsch), Kater (niederdeutsch), chat (französisch), cat (englisch), Miez (Koseform von Katze) und puss (Koseform von cat) dasselbe Tier bezeichnen. Ist diese Voraussetzung gegeben, wird der Leser bald merken, daß dieses Buch europäische, ja kosmopolitische Brücken schlägt, besonders wenn man bedenkt, daß es in Frankreich seit 1957 ein Longseller und in England seit 1958 bereits in acht Auflagen verbreitet ist.

Wir danken Herrn Hans Weigel, dessen Buch *Blödeln für Anfänger* (auch im Diogenes Verlag) bereits als Klassiker dieser Art von Sprachlehrbüchern gilt, für seine entscheidende Mitarbeit am deutschen Teil dieses Werkes.

Der Verlag

DEUTSCHE
KATZEN

Fabri katz ion

Indi katz ion

Syndi katz Präsident

katz buckeln

Falsifi katz ion

Kater strophe

katz enhageln

bella ra katz a

Pla katz äule

Kater pillar

Provo katz ion

Bro katz stola

Miez droschke

Unter miez zimmer

Doorn katz eremonie

Dupli kater scheinung

Katz enjammer

Kater akt

"Miez ommernachtstraum"

kater alische Erkrankung

Strepto miez in

a katz ie

Bad Ra katz

Tee miez itrone

Katzen auge

Schar miez el

Demar katz ionslinie

FRANZÖSISCHE
KATZEN

chat teaubriant

chat rité

chat monise

faux chat

chat steté

chat mean

chat lent

chat loupé

... et chat faux .

ENGLISCHE
KATZEN

sophisti cat e

intoxi cat e

cat acomb

pizzi cat o

cat holic

cat hode

deli cat essen

KOSMOPOLITISCHE
KATZEN

Kater ina die Grosse

Chat rlemagne

Cat ullus (84-47 B.C.)

Chat kespeare

chat . cha . cha

Cat chat turian

Chat tanooga choo choo

Chat liapine

Chat plin

Bo katz io

chat val

chat s'Addams

Chat gall

Lady Chat terley...

... et son garde-chat sse

Nobelpreis träger
Katz antzakis

pa chat

gei chat

Œdi puss

Œdi puss complex

Ror chat k

Diogenes Taschenbücher

0	o	Flora, *Premiere* *
1/I	o	Andersch, *Die Kirschen der Freiheit*
1/II	o	Andersch, *Sansibar oder der letzte Grund*
1/III	o	Andersch, *Hörspiele*
1/IV	o	Andersch, *Geister und Leute*
1/V	o	Andersch, *Die Rote*
1/VI	o	Andersch, *Ein Liebhaber des Halbschattens*
2/I	o	O'Casey, *Purpurstaub* *
2/II	o	O'Casey, *Dubliner Trilogie* *
3	o	Wilde, *Der Sozialismus und die Seele des Menschen*
4/I	o	Sillitoe, *Guzman, Go Home* *
4/II	o	Sillitoe, *Die Einsamkeit des Langstreckenläufers*
5	o	Amalrik, *Kann die Sowjetunion das Jahr 1984 erleben?* *
6		Ungerer, *Sexmaniak*
7	o	Henkel, *Eisenwichser* *
8		Tschukowskaja, *Ein leeres Haus*
9		Mercer, *Flint* *
10		Rosendorfer, *Über das Küssen der Erde* *
11	o	D. H. Lawrence, *Pornographie und Obszönität* *
12	o	Erckmann/Chatrian, *Der Rekrut*
13		Loriot, *Kleine Prosa* *
14		Searle, *Weil noch das Lämpchen glüht*
15	o	E. Fischer, *Überlegungen zur Situation der Kunst* *
16		O'Flaherty, *Ich ging nach Rußland*
17		Ungerer, *Fornicon*
18	o	Braun/Iden, *Neues deutsches Theater* *
19/I	o	Thoreau, *Walden oder Leben in den Wäldern*
19/II	o	Thoreau, *Über die Pflicht zum Ungehorsam* *
20/I–II	o	McCullers, *Erzählungen in 2 Bänden* *
20/III	o	McCullers, *Die Ballade vom traurigen Café*
20/IV	o	McCullers, *Das Herz ist ein einsamer Jäger*
20/V	o	McCullers, *Spiegelbild im goldnen Auge*
20/VI	o	McCullers, *Frankie*
20/VII	o	McCullers, *Uhr ohne Zeiger*
20/VIII	o	*Über Carson McCullers* *
21/I	o	L. Marcuse, *Philosophie des Glücks*
21/II	o	L. Marcuse, *Sigmund Freud*
21/III	o	L. Marcuse, *Argumente und Rezepte*
21/IV	o	L. Marcuse, *Richard Wagner*
21/V	o	L. Marcuse, *Ignatius von Loyola*
21/VI	o	L. Marcuse, *Mein zwanzigstes Jahrhundert*
21/VII	o	L. Marcuse, *Nachruf auf Ludwig Marcuse*
22/I		Jägersberg, *Cosa Nostra* *
22/II		Jägersberg, *Weihrauch und Pumpernickel*
23		Topor, *Tragödien* *
24		Brechbühl, *Der geschlagene Hund* *
25/I–III		Hottinger, *Mord · Mehr Morde · Noch mehr Morde*
26		Richartz, *Tod den Ärtzten*
27		Gorey, *Balaclava* *
28	o	Einstein/Freud, *Warum Krieg?*
29/I		Spark, *Memento Mori*
29/II		Spark, *Die Ballade von Peckham Rye*

30/I–V   o Faulkner, *Gesammelte Erzählungen in 5 Bänden*
30/VI   o Faulkner, *Die Unbesiegten*
30/VII   o Faulkner, *Sartoris*
30/VIII   o Faulkner, *Als ich im Sterben lag*
30/IX   o Faulkner, *Schall und Wahn*
30/X   o Faulkner, *Absalom, Absalom!*
30/XI   o Faulkner, *Go down, Moses*
30/XII   o Faulkner, *Der große Wald*
30/XIII   o Faulkner, *Griff in den Staub*
30/XIV   o Faulkner, *Der Springer greift an*
31   Hensel, *Wider die Theaterverhunzer* *
32   Ely, *Aus!* *
33/I   Goya, *Caprichos*
33/II   Goya, *Desastres de la Guerra*
34   Whistler, *Die vornehme Kunst sich Feinde zu machen* *
35/I–IV   o Maugham, *Gesammelte Erzählungen in 4 Bänden* *
35/V   Maugham, *Rosie und die Künstler*
35/VI   Maugham, *Silbermond und Kupfermünze*
35/VII   Maugham, *Auf Messers Schneide*
35/VIII   Maugham, *Theater*
35/IX   Maugham, *Damals und Heute*
35/X   Maugham, *Der Magier*
35/XI   Maugham, *Oben in der Villa*
35/XII   Maugham, *Mrs. Craddock*
36   (Samisdat), *Unruhen aus neuester Zeit* *
37   o *Über Molière* *
38   Sempé, *Konsumgesellschaft* *
39/I   Widmer, *Das Normale und die Sehnsucht* *
39/II   Widmer, *Die lange Nacht der Detektive* *
40/I   West, *Schreiben Sie Miss Lonelyhearts*
40/II   West, *Tag der Heuschrecke*
41   o Ferlinghetti, *Ausgewählte Gedichte* *
42   o Jewtuschenko, *Ausgewählte Gedichte* *
43   o R. Walser, *Ausgewählte Geschichten und Aufsätze*
44   Bosc, *Love and Order*
46   o *Über Gott und die Welt* *
47   o *Kann man noch beten?* *
48   o Wollschläger, *Die bewaffneten Wallfahrten* *
49   Ungerer, *Spiegelmensch* *
50/I   o Čechov, *Die Möwe*
50/II   o Čechov, *Der Waldschrat*
50/III   o Čechov, *Der Kirschgarten*
50/IV   o Čechov, *Onkel Vanja*
50/V   o Čechov, *Ivanov*
50/VI   o Čechov, *Drei Schwestern*
50/VII   o Čechov, *Platonov*
51   Monterroso, *Das gesamte Werk und andere Fabeln* *
52/I   Flora, *Trauerflora*
52/II   Flora, *Vivat Vamp!*
53   o *Über Alfred Andersch* *
54   o *Über William Faulkner* *
55/I   Fellini, *Roma* *
55/II   Fellini, *Das süße Leben* *
55/III   Fellini, *8¹/₂*

55/IV		Fellini, *Julia und die Geister*
55/V		Fellini, *Amarcord* *
55/VI		Fellini, *Aufsätze und Notizen* *
56	o	Benn, *Ausgewählte Gedichte*
57	o	H. Mann, *Ausgewählte Erzählungen*
58	o	*Das Diogenes Lesebuch* *
59	o	Friedell, *Konversationslexikon* *
60/I	o	Busch, *Gedichte*
60/II		Busch, *Max und Moritz*
60/III		Busch, *Die fromme Helene*
60/IV		Busch, *Tobias Knopp*
60/V		Busch, *Hans Huckebein / Fipps der Affe / Plisch und Plum*
60/VI		Busch, *Balduin Bählamm / Maler Klecksel*
60/VII	o	Busch, *Prosa*
61		Loriot, *Tagebuch* *
62	o	Saki, *Ausgewählte Erzählungen*
63/I	o	Orwell, *Farm der Tiere*
64/I	o	Verne, *Reise um die Erde in 80 Tagen*
65/I		Leblanc, *Arsène Lupin – Der Gentleman-Gauner*
66/I	o	Conrad, *Lord Jim*
66/II	o	Conrad, *Der Geheimagent*
67/I	o	Wells, *Der Unsichtbare*
67/II		Wells, *Der Krieg der Welten*
67/III	o	Wells, *Die Zeitmaschine*
68		Belloc Lowndes, *Jack the Ripper oder Der Untermieter* *
69/I		Hammett, *Der Malteser Falke*
70/I		Chandler, *Der große Schlaf*
70/II		Chandler, *Die kleine Schwester*
70/III		Chandler, *Das hohe Fenster*
70/IV		Chandler, *Der lange Abschied*
70/V	o	Chandler, *Die simple Kunst des Mordes*
71		Christie, *Villa Nachtigall*
72		Simenon, *Die Glocken von Bicêtre*
73		Stoker, *Draculas Gast*
74/I		Highsmith, *Der Stümper*
74/II		Highsmith, *Zwei Fremde im Zug*
74/III		Highsmith, *Der Geschichtenerzähler*
74/IV		Highsmith, *Der süße Wahn*
74/V		Highsmith, *Die zwei Gesichter des Januars*
75/I		Ambler, *Die Maske des Dimitrios*
75/II		Ambler, *Der Fall Deltchev*
75/III		Ambler, *Eine Art von Zorn* *
75/IV		Ambler, *Schirmers Erbschaft*
75/V		Ambler, *Die Angst reist mit* *
76		Aiken, *Die Kristallkrähe* *
77/I		Slesar, *Das graue distinguierte Leichentuch*
77/II		Slesar, *Vorhang auf, wir spielen Mord!* *
78	o	Lardner, *Geschichten aus dem Jazz-Zeitalter*
79	o	Sacharow, *Wie ich mir die Zukunft vorstelle*
80/I		Chaval, *Zum Lachen*
80/II		Chaval, *Zum Heulen*
80/III		Chaval, *Hochbegabter Mann*
81		Friedell, *Die Rückkehr der Zeitmaschine*
82		Loriot, *Kleiner Ratgeber*

83   o *Das Tintenfaß* *
84   Sempé, *Volltreffer*
85/I   o O'Connor, *Und freitags Fisch*
86   Faulkner, *Der Springer greift an*
87   Quentin, *Bächleins Rauschen tönt so bang*
88   Hare, *Mörderglück*
90/I   o D. H. Lawrence, *Der preußische Offizier* *
90/II   o D. H. Lawrence, *England, mein England* *
90/III o D. H. Lawrence, *Die Frau, die davonritt* *
90/IV   o D. H. Lawrence, *Der Mann, der Inseln liebte.* *
90/V   o D. H. Lawrence, *Der Fremdenlegionär* *
90/VI   o D. H. Lawrence, *Der Fuchs*
90/VII o D. H. Lawrence, *Der Hengst St. Mawr*
90/VIII o D. H. Lawrence, *Der Mann, der gestorben war* *
91   Price, *Der kleine Psychologe*
92   Childers, *Das Rätsel der Sandbank* *
93/I   Buchan, *Die neununddreißig Stufen*
94   Siné, *Katzenjammer*
95/I–VII o Molière, *Komödien in 7 Bänden*
97/I   Fitzgerald, *Der große Gatsby*

Titel mit * sind Erstausgaben oder deutsche Erstausgaben
Titel mit o sind auch als Studienausgaben empfohlen